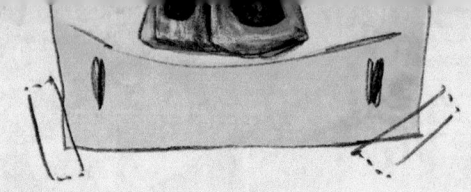

Endres, Brigitte und Tourlonias, Joëlle:
Hallo, ich bin auch noch da!
ISBN 978 3 522 43704 2

Einband- und Innentypografie: Tanja Haaf
Schrift: Gill Sans
Reproduktion: Photolitho AG, Gossau/Zürich
Druck und Bindung: Livonia Print, Riga
© 2014 Thienemann
in der Thienemann-Esslinger Verlag GmbH, Stuttgart
Printed in Latvia. Alle Rechte vorbehalten.
7. Auflage 2022

www.thienemann.de

Brigitte Endres   Joëlle Tourlonias

Hallo, ich bin auch noch da!

Thienemann

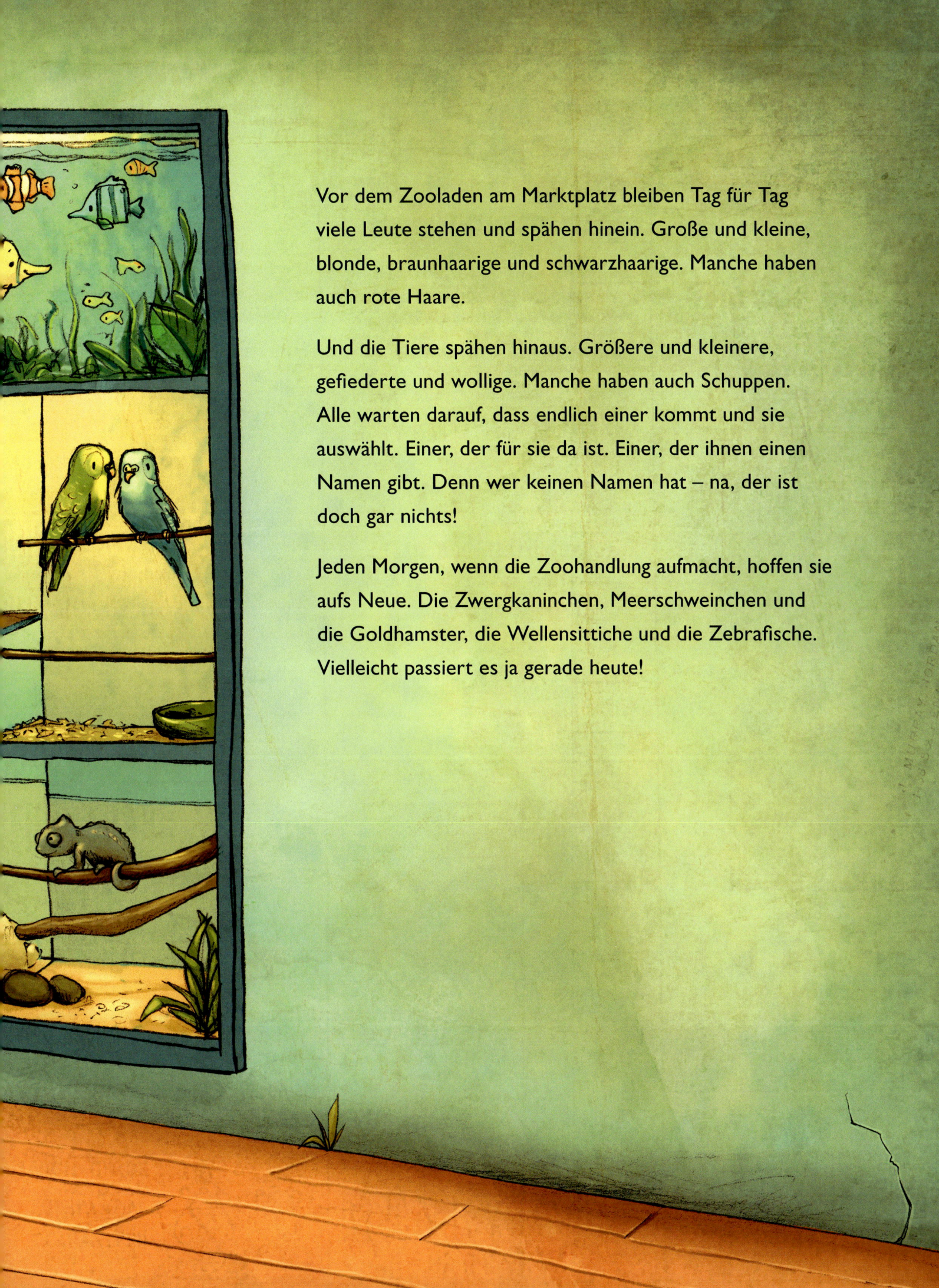

Vor dem Zooladen am Marktplatz bleiben Tag für Tag viele Leute stehen und spähen hinein. Große und kleine, blonde, braunhaarige und schwarzhaarige. Manche haben auch rote Haare.

Und die Tiere spähen hinaus. Größere und kleinere, gefiederte und wollige. Manche haben auch Schuppen. Alle warten darauf, dass endlich einer kommt und sie auswählt. Einer, der für sie da ist. Einer, der ihnen einen Namen gibt. Denn wer keinen Namen hat – na, der ist doch gar nichts!

Jeden Morgen, wenn die Zoohandlung aufmacht, hoffen sie aufs Neue. Die Zwergkaninchen, Meerschweinchen und die Goldhamster, die Wellensittiche und die Zebrafische. Vielleicht passiert es ja gerade heute!

Das kleine Chamäleon sitzt nun schon seit einer halben Ewigkeit
in seinem Terrarium. Immer wenn jemand in den Laden kommt,
kriecht es ganz nah zur Scheibe und rollt das Schwänzchen zu einer
extrahübschen Schnecke.

„Ach wie süß!", hört es die Leute sagen, oder: „Seht nur, wie putzig!"
Die Leute sagen viele nette Sachen. Aber die gelten den Zwerghasen
und Meerschweinchen, die sich streicheln lassen, obwohl doch ein
Schild an ihrem Käfig hängt: *Streicheln verboten!*

„Hallo!", ruft das kleine Chamäleon dann. „Ich bin auch noch da!"
Aber keiner sieht es, keiner hört es.

Da lässt das kleine Chamäleon den Kopf hängen.
Übersehenwerden tut weh!

Tage, Wochen und Monate vergehen. Tiere werden verkauft und neue ziehen in den Zooladen ein. Dann kommt der Winter, und das kleine Chamäleon hat immer noch keiner mit heimgenommen.

Ach, wie kalt und finster ist die Welt! Traurig schließt das kleine Chamäleon die Augen und macht sich auf seinem Ast stocksteif.

Aber jetzt sieht es erst recht keiner!

Es regt sich erst wieder, als die Frühlingssonne seine Nase kitzelt.
Da blinzelt es, streckt sich, rollt das Schwänzchen aus und fühlt sich
quietschmunter und zu einem Abenteuer aufgelegt.
Und weil es sowieso keiner beachtet, klettert das kleine Chamäleon ganz
unbemerkt aus dem Terrarium und entwischt durch die offene Tür.

Doch Abenteuer sind gefährlich!

Auf dem Gehweg wimmelt es von Füßen: Stiefel und Turnschuhe, Schuhe
mit und ohne Absatz trampeln, trippeln und trappeln über das Pflaster.

„Passt doch auf!", ruft das kleine Chamäleon. „Ich bin auch noch da!"

Aber keiner sieht es, keiner hört es.

Einer jedoch erschnüffelt es: ein Mops, drall wie ein Mehlsack.

„Grrr…!", macht der Mops und fletscht die Zähne.

Und wäre er nicht an der Leine gewesen, und wäre das kleine Chamäleon
nicht haste, was kannste weggelaufen … Auweia!

HOLZEIERBECHER
2 Euro

Bis zur Schwanzspitze pocht sein kleines Herz, als es endlich vor
einem Schild anhält. Auf dem steht: ZUM FLOHMARKT.
Flöhe, frisch und knackig! Dem Chamäleon zuckt die Zunge im
Mäulchen. Abenteuer machen hungrig!
Doch es hat sich zu früh gefreut. Auf dem Flohmarkt gibt es nicht
den klitzekleinsten Floh. Nur Trödel, Plunder, Ramsch und Krempel.
Altes und kaum Gebrauchtes, Kaputtes und fast Heiles.

Da kommt das kleine Chamäleon auf eine Idee.
Es klettert auf einen Tisch, rollt das Schwänzchen zu
einer extrahübschen Schnecke und ruft: „Hallo-oo!
Ich bin auch noch da! Nehmt MICH mit! Ich bin so
gut wie neu!"
Aber ach … Keiner sieht es, keiner hört es.

Mit hängendem Schwänzchen schleicht das kleine Chamäleon
weiter. Enttäuscht und hungrig und sehr traurig.
Am Spielplatz macht es Rast.
Dort wartet ein kleines blasses Mädchen bei den Schaukeln.
Wartet und wartet. Aber es kommt einfach nicht dran.
„Hallo! Ich bin auch noch da!", piepst es.
Doch keiner sieht es, keiner hört es. Immer drängen sich die
anderen Kinder vor.
Nur das kleine Chamäleon sieht das blasse Mädchen.
Es weiß ganz genau, wie es sich jetzt fühlt.

Als das kleine Mädchen betrübt weggeht, folgt ihm das kleine Chamäleon.

Aus dem Park.

Über die Straße.

In die Bäckerei.

Unbemerkt schlüpft das kleine Chamäleon mit hinein.

Der Bäckerladen ist rappelvoll. Ganz hinten muss das blasse Mädchen anstehen. Und dann wartet es schon wieder. Wartet und wartet. Immer neue Leute drängeln herein, kaufen Brot und Brezeln und Streuselkuchen und Nussschnecken, und alle haben es schrecklich eilig. Nur das kleine Mädchen kommt nicht an die Reihe. Es wird einfach übersehen.

„Hallo! Ich bin auch noch da!", piepst es.
Aber keiner sieht es, keiner hört es.

Doch dann geschieht etwas Unerwartetes. Das haben Abenteuer so an sich.
Etwas huscht über den Boden. Braun und mit sechs Beinen. Eine Schabe, knusprig
und kross! Mhmm!
Zack!, schießt die Zunge des kleinen Chamäleons heraus. Leider nicht schnell genug.
Weg ist der Leckerbissen! Doch Hunger macht Mut! So schnell es seine kleinen
Beinchen tragen können, trabt das kleine Chamäleon hinterher.

Der Bäckermeister traut seinen Augen nicht. Eine Schabe in seiner Bäckerei! Pfui!

Mit einem Schrei lässt er die Mehltüte fallen. Doch da bekommt er gleich den nächsten Schreck.

Huch! Wo kommt denn der kleine weiße Drache her?

Der Bäckermeister schnappt nach Luft. Dann schnappt er sich den Besen und jagt dem Mehldrachen hinterher.

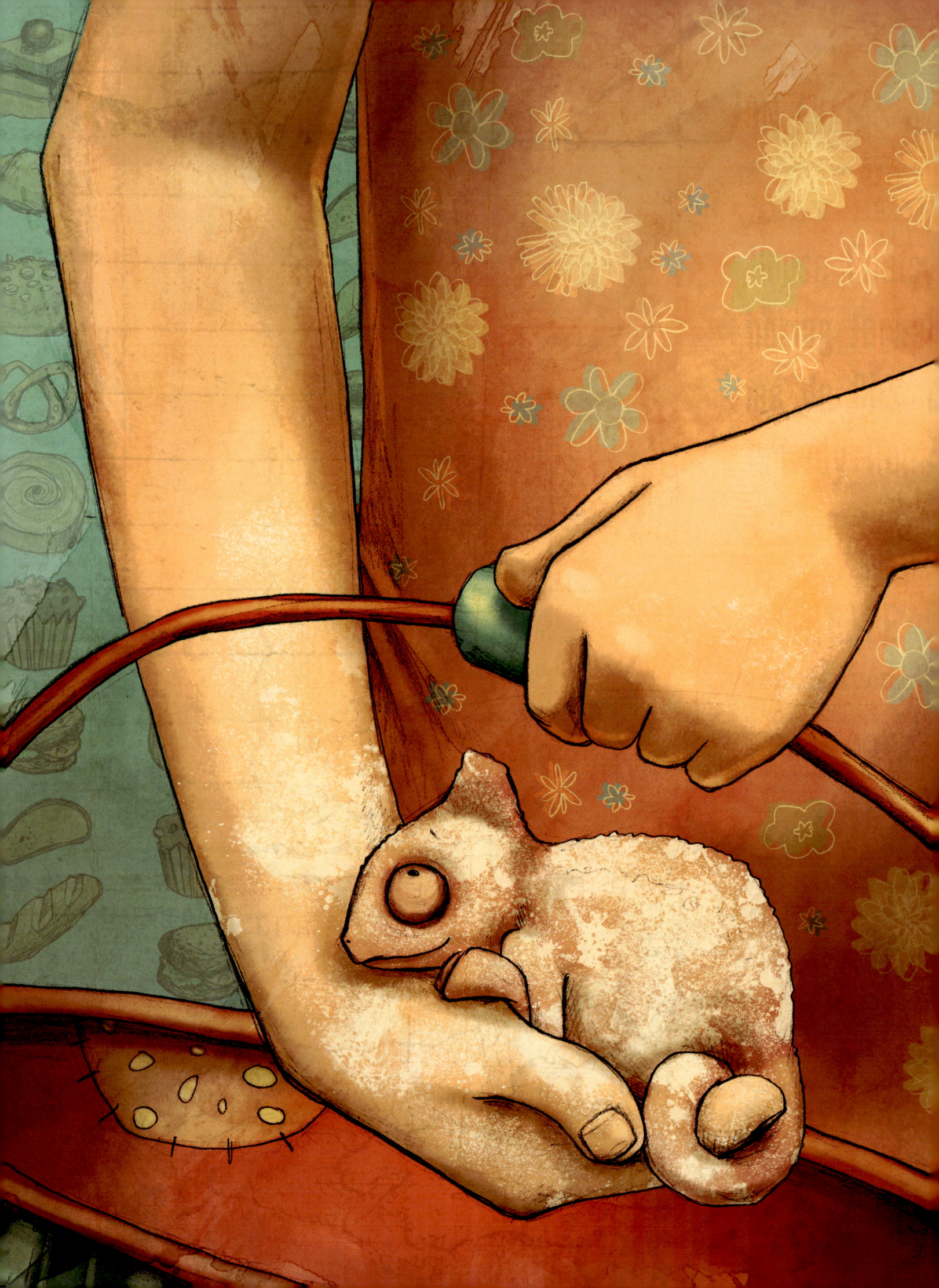

Was für ein Trara bricht los!
Die Frauen kreischen. Die Männer fuhrwerken
herum. Alle schreien durcheinander:
„Haltet das Tier!"
„Wo ist es denn bloß?"
„Ich hab es gleich!"

Zum ersten Mal wünscht sich das kleine
Chamäleon, es wäre unsichtbar.
Mit zitterndem Schwänzchen verkriecht es sich
in eine Ecke.
Da fühlt es plötzlich eine Hand. Eine kleine,
warme Hand.

Einen Augenblick später sitzt es schon in einem
Einkaufskorb und jemand trägt es weg. Weg von
dem ganzen Tohuwabohu, hinaus ins Freie.

Der Korb schaukelt und gaukelt. Das kleine Chamäleon ist schon ganz grün um die Nase, als die kleine Hand es endlich herausnimmt.

Dann sehen sich das kleine blasse Mädchen und das kleine Chamäleon an, und sie wissen auf den ersten Blick: Sie gehören zusammen!

„Hallo Cha-MEHL-eon!", piepst das kleine Mädchen. Und dann lacht es und lacht. Lacht so laut, dass sich die Leute umdrehen.

Cha-MEHL-eon. Das gefällt dem kleinen Chamäleon. Es lacht auch. Es lacht und lacht und schüttelt sich vor Lachen das Mehl von den Schuppen.

„Ich heiße Camée", sagt das Mädchen und setzt sich das kleine Chamäleon sachte auf die Schulter. „Und dich werde ich Leon nennen. Camée und Leon, das klingt hübsch!"

Und dann geschieht etwas Merkwürdiges: Die Wangen des kleinen Mädchens leuchten auf einmal wie rote Äpfelchen. Und das kleine Chamäleon strahlt vor Glück in allen Farben.

Seit sich die beiden gefunden haben, sind sie unzertrennlich.
Ja, sie schlafen sogar im selben Bett! Nur vom selben Teller
essen sie nicht, weil Camée keine Krabbeltiere mag.
Camée ist schrecklich stolz auf ihr kleines Chamäleon. Und
Leon ist schrecklich stolz auf sein kleines Mädchen.

Manchmal sagt Camée: „Du bist mein allerbester Freund!"
Dann fühlt sich das kleine Chamäleon löwenstark.
Und wer sich löwenstark fühlt, der traut sich was.
Den sieht man, und den hört man auch!

Wenn sie zum Spielplatz kommen, ruft Camée, so laut sie kann:
„Hallo, jetzt sind WIR da!"
Dann machen alle ratzfatz Platz.
Und Camée und Leon schaukeln.
Hoch, weit, weit hoch!
Himmelhoch!